NOTES

2022 YEAR TO VIEW

JANUARY

WK	M	T	W	T	F	S	S
52						1	2
1	3	4	5	6	7	8	9
2	10	11	12	13	14	15	16
3	17	18	19	20	21	22	23
4	24	25	26	27	28	29	30
5	31						

FEBRUARY

WK	M	T	W	T	F	S	S
5		1	2	3	4	5	6
6	7	8	9	10	11	12	13
7	14	15	16	17	18	19	20
8	21	22	23	24	25	26	27
9	28						

MARCH

WK	M	T	W	T	F	S	S
9		1	2	3	4	5	6
10	7	8	9	10	11	12	13
11	14	15	16	17	18	19	20
12	21	22	23	24	25	26	27
13	28	29	30	31			

APRIL

WK	M	T	W	T	F	S	S
13					1	2	3
14	4	5	6	7	8	9	10
15	11	12	13	14	15	16	17
16	18	19	20	21	22	23	24
17	25	26	27	28	29	30	

MAY

WK	M	T	W	T	F	S	S
17							1
18	2	3	4	5	6	7	8
19	9	10	11	12	13	14	15
20	16	17	18	19	20	21	22
21	23	24	25	26	27	28	29
22	30	31					

JUNE

WK	M	T	W	T	F	S	S
22			1	2	3	4	5
23	6	7	8	9	10	11	12
24	13	14	15	16	17	18	19
25	20	21	22	23	24	25	26
26	27	28	29	30			

JULY

WK	M	T	W	T	F	S	S
26					1	2	3
27	4	5	6	7	8	9	10
28	11	12	13	14	15	16	17
29	18	19	20	21	22	23	24
30	25	26	27	28	29	30	31

AUGUST

WK	M	T	W	T	F	S	S
31	1	2	3	4	5	6	7
32	8	9	10	11	12	13	14
33	15	16	17	18	19	20	21
34	22	23	24	25	26	27	28
35	29	30	31				

SEPTEMBER

WK	M	T	W	T	F	S	S
35				1	2	3	4
36	5	6	7	8	9	10	11
37	12	13	14	15	16	17	18
38	19	20	21	22	23	24	25
39	26	27	28	29	30		

OCTOBER

WK	M	T	W	T	F	S	S
39						1	2
40	3	4	5	6	7	8	9
41	10	11	12	13	14	15	16
42	17	18	19	20	21	22	23
43	24	25	26	27	28	29	30
44	31						

NOVEMBER

WK	M	T	W	T	F	S	S
44		1	2	3	4	5	6
45	7	8	9	10	11	12	13
46	14	15	16	17	18	19	20
47	21	22	23	24	25	26	27
48	28	29	30				

DECEMBER

WK	M	T	W	T	F	S	S
48				1	2	3	4
49	5	6	7	8	9	10	11
50	12	13	14	15	16	17	18
51	19	20	21	22	23	24	25
52	26	27	28	29	30	31	

2023 YEAR TO VIEW

JANUARY

WK	M	T	W	T	F	S	S
52							1
1	2	3	4	5	6	7	8
2	9	10	11	12	13	14	15
3	16	17	18	19	20	21	22
4	23	24	25	26	27	28	29
5	30	31					

FEBRUARY

WK	M	T	W	T	F	S	S
5			1	2	3	4	5
6	6	7	8	9	10	11	12
7	13	14	15	16	17	18	19
8	20	21	22	23	24	25	26
9	27	28					

MARCH

WK	M	T	W	T	F	S	S
9			1	2	3	4	5
10	6	7	8	9	10	11	12
11	13	14	15	16	17	18	19
12	20	21	22	23	24	25	26
13	27	28	29	30	31		

APRIL

WK	M	T	W	T	F	S	S
13						1	2
14	3	4	5	6	7	8	9
15	10	11	12	13	14	15	16
16	17	18	19	20	21	22	23
17	24	25	26	27	28	29	30

MAY

WK	M	T	W	T	F	S	S
18	1	2	3	4	5	6	7
19	8	9	10	11	12	13	14
20	15	16	17	18	19	20	21
21	22	23	24	25	26	27	28
22	29	30	31				

JUNE

WK	M	T	W	T	F	S	S
22				1	2	3	4
23	5	6	7	8	9	10	11
24	12	13	14	15	16	17	18
25	19	20	21	22	23	24	25
26	26	27	28	29	30		

JULY

WK	M	T	W	T	F	S	S
26						1	2
27	3	4	5	6	7	8	9
28	10	11	12	13	14	15	16
29	17	18	19	20	21	22	23
30	24	25	26	27	28	29	30
31	31						

AUGUST

WK	M	T	W	T	F	S	S
31		1	2	3	4	5	6
32	7	8	9	10	11	12	13
33	14	15	16	17	18	19	20
34	21	22	23	24	25	26	27
35	28	29	30	31			

SEPTEMBER

WK	M	T	W	T	F	S	S
35					1	2	3
36	4	5	6	7	8	9	10
37	11	12	13	14	15	16	17
38	18	19	20	21	22	23	24
39	25	26	27	28	29	30	

OCTOBER

WK	M	T	W	T	F	S	S
39							1
40	2	3	4	5	6	7	8
41	9	10	11	12	13	14	15
42	16	17	18	19	20	21	22
43	23	24	25	26	27	28	29
44	30	31					

NOVEMBER

WK	M	T	W	T	F	S	S
44			1	2	3	4	5
45	6	7	8	9	10	11	12
46	13	14	15	16	17	18	19
47	20	21	22	23	24	25	26
48	27	28	29	30			

DECEMBER

WK	M	T	W	T	F	S	S
48					1	2	3
49	4	5	6	7	8	9	10
50	11	12	13	14	15	16	17
51	18	19	20	21	22	23	24
52	25	26	27	28	29	30	31

NOTABLE DATES

2022

New Year's Day	Jan 1
New Year's Day Holiday	Jan 3
Bank Holiday (Scotland)	Jan 4
Chinese New Year (Tiger)	Feb 1
Valentine's Day	Feb 14
St. David's Day (Wales) / Shrove Tuesday	Mar 1
St. Patrick's Day	Mar 17
Daylight Saving Time Starts / Mothering Sunday	Mar 27
Ramadan Begins	Apr 2
Good Friday / Passover Begins	Apr 15
Easter Sunday	Apr 17
Easter Monday	Apr 18
St. George's Day	Apr 23
Early May Bank Holiday	May 2
Queen's Platinum Jubilee Bank Holiday	Jun 2
Queen's Platinum Jubilee Bank Holiday	Jun 3
Father's Day	Jun 19
Battle of the Boyne (Northern Ireland)	Jul 12
Islamic New Year Begins	Jul 29
Summer Bank Holiday (Scotland)	Aug 1
Summer Bank Holiday (Eng, NIR, Wal)	Aug 29
The United Nations International Day of Peace	Sept 21
Rosh Hashanah (Jewish New Year) Begins	Sept 25
Yom Kippur Begins	Oct 4
World Mental Health Day	Oct 10
Diwali	Oct 24
Daylight Saving Time Ends	Oct 30
Halloween	Oct 31
Guy Fawkes Night	Nov 5
Remembrance Sunday	Nov 13
St. Andrew's Day (Scotland)	Nov 30
Christmas Day	Dec 25
Boxing Day	Dec 26
Bank Holiday	Dec 27
New Year's Eve	Dec 31

PLANNER 2022

JANUARY	FEBRUARY	MARCH
1 S	1 T	1 T
2 S	2 W	2 W
3 M	3 T	3 T
4 T	4 F	4 F
5 W	5 S	5 S
6 T	6 S	6 S
7 F	7 M	7 M
8 S	8 T	8 T
9 S	9 W	9 W
10 M	10 T	10 T
11 T	11 F	11 F
12 W	12 S	12 S
13 T	13 S	13 S
14 F	14 M	14 M
15 S	15 T	15 T
16 S	16 W	16 W
17 M	17 T	17 T
18 T	18 F	18 F
19 W	19 S	19 S
20 T	20 S	20 S
21 F	21 M	21 M
22 S	22 T	22 T
23 S	23 W	23 W
24 M	24 T	24 T
25 T	25 F	25 F
26 W	26 S	26 S
27 T	27 S	27 S
28 F	28 M	28 M
29 S		29 T
30 S		30 W
31 M		31 T

PLANNER 2022

APRIL

1	F
2	S
3	S
4	M
5	T
6	W
7	T
8	F
9	S
10	S
11	M
12	T
13	W
14	T
15	F
16	S
17	S
18	M
19	T
20	W
21	T
22	F
23	S
24	S
25	M
26	T
27	W
28	T
29	F
30	S

MAY

1	S
2	M
3	T
4	W
5	T
6	F
7	S
8	S
9	M
10	T
11	W
12	T
13	F
14	S
15	S
16	M
17	T
18	W
19	T
20	F
21	S
22	S
23	M
24	T
25	W
26	T
27	F
28	S
29	S
30	M
31	T

JUNE

1	W
2	T
3	F
4	S
5	S
6	M
7	T
8	W
9	T
10	F
11	S
12	S
13	M
14	T
15	W
16	T
17	F
18	S
19	S
20	M
21	T
22	W
23	T
24	F
25	S
26	S
27	M
28	T
29	W
30	T

PLANNER 2022

JULY	AUGUST	SEPTEMBER
1 F	1 M	1 T
2 S	2 T	2 F
3 S	3 W	3 S
4 M	4 T	4 S
5 T	5 F	5 M
6 W	6 S	6 T
7 T	7 S	7 W
8 F	8 M	8 T
9 S	9 T	9 F
10 S	10 W	10 S
11 M	11 T	11 S
12 T	12 F	12 M
13 W	13 S	13 T
14 T	14 S	14 W
15 F	15 M	15 T
16 S	16 T	16 F
17 S	17 W	17 S
18 M	18 T	18 S
19 T	19 F	19 M
20 W	20 S	20 T
21 T	21 S	21 W
22 F	22 M	22 T
23 S	23 T	23 F
24 S	24 W	24 S
25 M	25 T	25 S
26 T	26 F	26 M
27 W	27 S	27 T
28 T	28 S	28 W
29 F	29 M	29 T
30 S	30 T	30 F
31 S	31 W	

PLANNER 2022

OCTOBER

1 S
2 S
3 M
4 T
5 W
6 T
7 F
8 S
9 S
10 M
11 T
12 W
13 T
14 F
15 S
16 S
17 M
18 T
19 W
20 T
21 F
22 S
23 S
24 M
25 T
26 W
27 T
28 F
29 S
30 S
31 M

NOVEMBER

1 T
2 W
3 T
4 F
5 S
6 S
7 M
8 T
9 W
10 T
11 F
12 S
13 S
14 M
15 T
16 W
17 T
18 F
19 S
20 S
21 M
22 T
23 W
24 T
25 F
26 S
27 S
28 M
29 T
30 W

DECEMBER

1 T
2 F
3 S
4 S
5 M
6 T
7 W
8 T
9 F
10 S
11 S
12 M
13 T
14 W
15 T
16 F
17 S
18 S
19 M
20 T
21 W
22 T
23 F
24 S
25 S
26 M
27 T
28 W
29 T
30 F
31 S

DECEMBER 2021

WEEK 52

27 MONDAY

28 TUESDAY

29 WEDNESDAY

30 THURSDAY

DEC 21 / JAN 22

FRIDAY 31
New Year's Eve

SATURDAY 1
New Year's Day

SUNDAY 2

Notes

T	F	S	S	M	T	W	T	F	S	S	M	T	W	T	F	S	S	M	T	W	T	F	S	S	M	T	W	T	F	S
16	17	18	19	20	21	22	23	24	25	26	27	28	29	30	31	1	2	3	4	5	6	7	8	9	10	11	12	13	14	15

JANUARY 2022

WEEK

3 MONDAY — New Year's Day Holiday

4 TUESDAY — Bank Holiday (Scotland)

5 WEDNESDAY

6 THURSDAY

JANUARY 2022

FRIDAY 7

SATURDAY 8

SUNDAY 9

NOTES

S	M	T	W	T	F	S	S	M	T	W	T	F	S	S	M	T	W	T	F	S	S	M	T	W	T	F	S	S	M
1	2	3	4	5	6	7	8	9	10	11	12	13	14	15	16	17	18	19	20	21	22	23	24	25	26	27	28	29	30	31

JANUARY 2022

WEEK 2

10 MONDAY

11 TUESDAY

12 WEDNESDAY

13 THURSDAY

JANUARY 2022

FRIDAY 14

SATURDAY 15

SUNDAY 16

NOTES

S	S	M	T	W	T	F	S	S	M	T	W	T	F	S	S	M	T	W	T	F	S	S	M	T	W	T	F	S	S	M
1	2	3	4	5	6	7	8	9	10	11	12	13	14	15	16	17	18	19	20	21	22	23	24	25	26	27	28	29	30	31

JANUARY 2022

WEEK 3

17 MONDAY

18 TUESDAY

19 WEDNESDAY

20 THURSDAY

JANUARY 2022

FRIDAY 21

SATURDAY 22

SUNDAY 23

NOTES

S	S	M	T	W	T	F	S	S	M	T	W	T	F	S	S	M	T	W	T	F	S	S	M	T	W	T	F	S	S	M
1	2	3	4	5	6	7	8	9	10	11	12	13	14	15	16	17	18	19	20	21	22	23	24	25	26	27	28	29	30	31

JANUARY 2022   WEEK 4

24 MONDAY
Edward's birthday

25 TUESDAY
Lewis' birthday

26 WEDNESDAY

27 THURSDAY

JANUARY 2022

FRIDAY 28

SATURDAY 29

SUNDAY 30

NOTES

S	M	T	W	T	F	S	S	M	T	W	T	F	S	S	M	T	W	T	F	S	S	M	T	W	T	F	S	S	M
1	2	3	4	5	6	7	8	9	10	11	12	13	14	15	16	17	18	19	20	21	22	23	24	25	26	27	28	29	30	31

TRIO OF TERROR

JAN/FEB 2022 — WEEK 6

31 MONDAY

1 TUESDAY

Chinese New Year (Tiger)

2 WEDNESDAY

3 THURSDAY

FEBRUARY 2022

FRIDAY 4

SATURDAY 5

SUNDAY 6

NOTES

S	M	T	W	T	F	S	S	M	T	W	T	F	S	S	M	T	W	T	F	S	S	M	T
16	17	18	19	20	21	22	23	24	25	26	27	28	29	30	31	1	2	3	4	5	6	7	8	9	10	11	12	13	14	15

FEBRUARY 2022

WEEK 6

7 MONDAY

8 TUESDAY

9 WEDNESDAY

10 THURSDAY

FEBRUARY 2022

FRIDAY 11

SATURDAY 12

SUNDAY 13

NOTES

T	W	T	F	S	S	M	T	W	T	F	S	S	M	T	W	T	F	S	S	M	T	W	T	F	S	S	M
1	2	3	4	5	6	7	8	9	10	11	12	13	14	15	16	17	18	19	20	21	22	23	24	25	26	27	28

FEBRUARY 2022

WEEK 7

14 MONDAY
VALENTINE'S DAY

school holiday

15 TUESDAY

school holiday

16 WEDNESDAY

school holiday

17 THURSDAY

school holiday

FEBRUARY 2022

FRIDAY 18
school holiday

SATURDAY 19
car MOT

SUNDAY 20

NOTES

T	W	T	F	S	S	M	T	W	T	F	S	S	M	T	W	T	F	S	S	M	T	W	T	F	S	S	M
1	2	3	4	5	6	7	8	9	10	11	12	13	14	15	16	17	18	19	20	21	22	23	24	25	26	27	28

FEBRUARY 2022

WEEK 8

21 MONDAY

22 TUESDAY

23 WEDNESDAY

Lewis nursery 10:00 maple room
1 hr parent stay

24 THURSDAY

Lewis nursery 2hr

FEBRUARY 2022

FRIDAY 25

Lewis full day nursery

SATURDAY 26

SUNDAY 27

NOTES

T	W	T	F	S	S	M	T	W	T	F	S	S	M	T	W	T	F	S	S	M	T	W	T	F	S	S	M
1	2	3	4	5	6	7	8	9	10	11	12	13	14	15	16	17	18	19	20	21	22	23	24	25	26	27	28

MAKING FRIGHT RIGHT

FEB/MAR 2022 — WEEK 9

28 MONDAY

1 TUESDAY — St. David's Day (Wales) / Shrove Tuesday

Irene's birthday

2 WEDNESDAY

Mums birthday

3 THURSDAY

World book day Lewis dress up

MARCH 2022

FRIDAY 4

world book day Eilidh dress up

SATURDAY 5

SUNDAY 6

NOTES

| T | W | T | F | S | S | M | T | W | T | F | S | S | M | T | W | T | F | S | S | M |
|15|16|17|18|19|20|21|22|23|24|25|26|27|28|1|2|3|4|5|6|7|8|9|10|11|12|13|14|

MARCH 2022
WEEK 10

7 MONDAY

8 TUESDAY

9 WEDNESDAY

10 THURSDAY

MARCH 2022

FRIDAY 11

SATURDAY 12

SUNDAY 13

NOTES

T	W	T	F	S	S	M	T	W	T	F	S	S	M	T	W	T	F	S	S	M	T	W	T	F	S	S	M	T	W	T
1	2	3	4	5	6	7	8	9	10	11	12	13	14	15	16	17	18	19	20	21	22	23	24	25	26	27	28	29	30	31

MARCH 2022　　　　　　　　　　　　　　　　　　　　WEEK 11

14　MONDAY

15　TUESDAY

16　WEDNESDAY

17　THURSDAY　　　　　　　　　　　　　　　　　ST. PATRICK'S DAY

MARCH 2022

FRIDAY 18

SATURDAY 19

SUNDAY 20
highland dancing exam

NOTES

T	W	T	F	S	S	M	T	W	T	F	S	S	M	T	W	T	F	S	S	M	T	W	T	F	S	S	M	T	W	T
1	2	3	4	5	6	7	8	9	10	11	12	13	14	15	16	17	18	19	20	21	22	23	24	25	26	27	28	29	30	31

MARCH 2022

WEEK 12

21 MONDAY

22 TUESDAY

23 WEDNESDAY

24 THURSDAY

MARCH 2022

FRIDAY 25

SATURDAY 26

Daylight Saving Time Starts / Mothering Sunday

SUNDAY 27

NOTES

T	W	T	F	S	S	M	T	W	T	F	S	S	M	T	W	T	F	S	S	M	T	W	T	F	S	S	M	T	W	T
1	2	3	4	5	6	7	8	9	10	11	12	13	14	15	16	17	18	19	20	21	22	23	24	25	26	27	28	29	30	31

MARCH 2022 WEEK 13

28 MONDAY

29 TUESDAY

30 WEDNESDAY

31 THURSDAY

APRIL 2022

FRIDAY 1

SATURDAY 2

Ramadan Begins

SUNDAY 3

NOTES

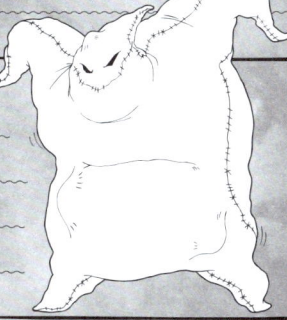

W	T	F	S	S	M	T	W	T	F	S	S	M	T	W	T	F	S	S	M	T	W	T	F	S	S	M	T	W	T	F
16	17	18	19	20	21	22	23	24	25	26	27	28	29	30	31	1	2	3	4	5	6	7	8	9	10	11	12	13	14	15

APRIL 2022

WEEK 14

4 MONDAY

5 TUESDAY

6 WEDNESDAY

7 THURSDAY

APRIL 2022

FRIDAY 8

SATURDAY 9

maxs birthday party (Eilidh)

SUNDAY 10

NOTES

F	S	M	T	W	T	F	S	S	M	T	W	T	F	S	S	M	T	W	T	F	S	S	M	T	W	T	F	S	S
1	2	3	4	5	6	7	8	9	10	11	12	13	14	15	16	17	18	19	20	21	22	23	24	25	26	27	28	29	30

APRIL 2022

WEEK 15

11 MONDAY

school holidays

12 TUESDAY

13 WEDNESDAY

14 THURSDAY

APRIL 2022

Good Friday / Passover Begins   FRIDAY **15**

SATURDAY **16**

Easter Sunday   SUNDAY **17**

NOTES

F	S	S	M	T	W	T	F	S	S	M	T	W	T	F	S	S	M	T	W	T	F	S	S	M	T	W	T	F	S
1	2	3	4	5	6	7	8	9	10	11	12	13	14	15	16	17	18	19	20	21	22	23	24	25	26	27	28	29	30

April 2022

Week 16

18 Monday
Easter Monday

19 Tuesday

20 Wednesday
Dentist 16 05

21 Thursday

APRIL 2022

FRIDAY 22

ST. GEORGE'S DAY

SATURDAY 23

Ellies birthday party (Lewis)

SUNDAY 24

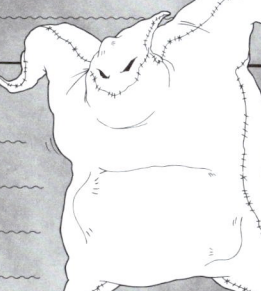

NOTES

F	S	S	M	T	W	T	F	S	S	M	T	W	T	F	S	S	M	T	W	T	F	S	S	M	T	W	T	F	S
1	2	3	4	5	6	7	8	9	10	11	12	13	14	15	16	17	18	19	20	21	22	23	24	25	26	27	28	29	30

LOVE YOU TO DEATH

APRIL 2022
WEEK 17

25 MONDAY
back to school

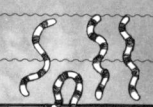

26 TUESDAY

27 WEDNESDAY

28 THURSDAY

APR/MAY 2022

FRIDAY 29

Dentist 11³⁵

SATURDAY 30

SUNDAY 1

NOTES

S	S	M	T	W	T	F	S	S	M	T	W	T	F	S	S
16	17	18	19	20	21	22	23	24	25	26	27	28	29	30	1	2	3	4	5	6	7	8	9	10	11	12	13	14	15

MAY 2022
WEEK 18

2 MONDAY
Early May Bank Holiday

Soll

3 TUESDAY

4 WEDNESDAY

5 THURSDAY

MAY 2022

FRIDAY 6

SATURDAY 7

SUNDAY 8

NOTES

S	M	T	W	T	F	S	S	M	T	W	T	F	S	S	M	T	W	T	F	S	S	M	T	W	T	F	S	S	M	T
1	2	3	4	5	6	7	8	9	10	11	12	13	14	15	16	17	18	19	20	21	22	23	24	25	26	27	28	29	30	31

MAY 2022

WEEK 19

9 MONDAY

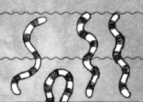

10 TUESDAY

11 WEDNESDAY

12 THURSDAY

MAY 2022

FRIDAY 13

SATURDAY 14

Gaia day

SUNDAY 15

NOTES

S	M	T	W	T	F	S	S	M	T	W	T	F	S	S	M	T	W	T	F	S	S	M	T	W	T	F	S	S	M	T
1	2	3	4	5	6	7	8	9	10	11	12	13	14	15	16	17	18	19	20	21	22	23	24	25	26	27	28	29	30	31

MAY 2022　　　　　　　　　　　　　　　　WEEK 20

16 MONDAY

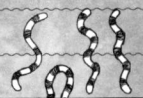

17 TUESDAY

18 WEDNESDAY

19 THURSDAY

MAY 2022

FRIDAY 20

SATURDAY 21

SUNDAY 22

NOTES

S	M	T	W	T	F	S	S	M	T	W	T	F	S	S	M	T	W	T	F	S	S	M	T	W	T	F	S	S	M	T
1	2	3	4	5	6	7	8	9	10	11	12	13	14	15	16	17	18	19	20	21	22	23	24	25	26	27	28	29	30	31

MAY 2022　　　　　　　　　　　　　　　　　　　　　WEEK 21

23 MONDAY

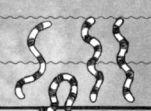

24 TUESDAY

25 WEDNESDAY

26 THURSDAY

MAY 2022

FRIDAY 27

SATURDAY 28

SUNDAY 29

Bethanys birthday party

NOTES

| S | M | T | W | T | F | S | S | M | T | W | T | F | S | S | M | T | W | T | F | S | S | M | T | W | T | F | S | S | M | T |
|1|2|3|4|5|6|7|8|9|10|11|12|13|14|15|16|17|18|19|20|21|22|23|24|25|26|27|28|29|30|31|

MAY/JUN 2022

WEEK 22

30 MONDAY

31 TUESDAY

1 WEDNESDAY

2 THURSDAY   Queen's Platinum Jubilee Bank Holida

JUNE 2022

FRIDAY 3
Queen's Platinum Jubilee Bank Holiday

SATURDAY 4

SUNDAY 5

NOTES

M	T	W	T	F	S	S	M	T	W	T	F	S	S	M	T	W	T	F	S	S	M	T	W	T	F	S	S	M	T	W
16	17	18	19	20	21	22	23	24	25	26	27	28	29	30	31	1	2	3	4	5	6	7	8	9	10	11	12	13	14	15

JUNE 2022 — WEEK 23

6 MONDAY

7 TUESDAY

8 WEDNESDAY

9 THURSDAY

JUNE 2022

FRIDAY 10

SATURDAY 11

SUNDAY 12

Eilidhs dancing presentation 16⁴⁵
Gorgie mills bowling club

NOTES

JUNE 2022　　　　　　　　　　　　　　　　　　　　WEEK 24

13　MONDAY

14　TUESDAY

15　WEDNESDAY

16　THURSDAY

JUNE 2022

FRIDAY 17

SATURDAY 18

Father's Day   SUNDAY 19

NOTES

W	T	F	S	S	M	T	W	T	F	S	S	M	T	W	T	F	S	S	M	T	W	T	F	S	S	M	T	W	T
1	2	3	4	5	6	7	8	9	10	11	12	13	14	15	16	17	18	19	20	21	22	23	24	25	26	27	28	29	30

JUNE 2022 — WEEK 25

20 MONDAY
Keiran's birthday

21 TUESDAY
Lewis nursery fun day

22 WEDNESDAY

23 THURSDAY
Sports day Lewis $9^{00} - 11^{00}$
Eiidh $13^{00} - 15^{00}$

JUNE 2022

FRIDAY 24

SATURDAY 25

SUNDAY 26

NOTES

W	T	F	S	S	M	T	W	T	F	S	S	M	T	W	T	F	S	S	M	T	W	T	F	S	S	M	T	W	T
1	2	3	4	5	6	7	8	9	10	11	12	13	14	15	16	17	18	19	20	21	22	23	24	25	26	27	28	29	30

JUNE 2022 — WEEK 26

27 MONDAY

28 TUESDAY

29 WEDNESDAY

30 THURSDAY

school finishes half day

JULY 2022

FRIDAY 1

SATURDAY 2

SUNDAY 3

Abigail's birthday party

NOTES

T	F	S	S	M	T	W	T	F	S	S	M	T	W	T	F	S	S	M	T	W	T	F
16	17	18	19	20	21	22	23	24	25	26	27	28	29	30	1	2	3	4	5	6	7	8	9	10	11	12	13	14	15

JULY 2022 — WEEK 27

4 MONDAY

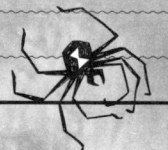

5 TUESDAY

Dinosaurs 10:00

6 WEDNESDAY

7 THURSDAY

JULY 2022

FRIDAY 8

Craig Tara

SATURDAY 9

SUNDAY 10

NOTES

F	S	S	M	T	W	T	F	S	S	M	T	W	T	F	S	S	M	T	W	T	F	S	S	M	T	W	T	F	S	S
1	2	3	4	5	6	7	8	9	10	11	12	13	14	15	16	17	18	19	20	21	22	23	24	25	26	27	28	29	30	31

JULY 2022 — WEEK 28

11 MONDAY

12 TUESDAY — Battle of the Boyne (Northern Ireland)

13 WEDNESDAY

14 THURSDAY

JULY 2022

FRIDAY 15

SATURDAY 16

SUNDAY 17

NOTES

F	S	S	M	T	W	T	F	S	S	M	T	W	T	F	S	S	M	T	W	T	F	S	S	M	T	W	T	F	S	S
1	2	3	4	5	6	7	8	9	10	11	12	13	14	15	16	17	18	19	20	21	22	23	24	25	26	27	28	29	30	31

JULY 2022　　　　　　　　　　　　　　　　　　　WEEK 29

18 MONDAY

19 TUESDAY

20 WEDNESDAY

21 THURSDAY

JULY 2022

FRIDAY 22

SATURDAY 23

night out

SUNDAY 24

NOTES

F	S	S	M	T	W	T	F	S	S	M	T	W	T	F	S	S	M	T	W	T	F	S	S	M	T	W	T	F	S	S
1	2	3	4	5	6	7	8	9	10	11	12	13	14	15	16	17	18	19	20	21	22	23	24	25	26	27	28	29	30	31

JULY 2022 — WEEK 30

25 MONDAY

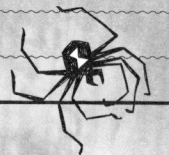

26 TUESDAY

27 WEDNESDAY

28 THURSDAY

JULY 2022

FRIDAY 29

Islamic New Year Begins

SATURDAY 30

SUNDAY 31

NOTES

| F | S | S | M | T | W | T | F | S | S | M | T | W | T | F | S | S | M | T | W | T | F | S | S | M | T | W | T | F | S | S |
| 1 | 2 | 3 | 4 | 5 | 6 | 7 | 8 | 9 | 10 | 11 | 12 | 13 | 14 | 15 | 16 | 17 | 18 | 19 | 20 | 21 | 22 | 23 | 24 | 25 | 26 | 27 | 28 | 29 | 30 | 31 |

AUGUST

TO DO

August 2022 — Week 31

1 MONDAY — Summer Bank Holiday (Scotland)

2 TUESDAY

3 WEDNESDAY — Jordans funeral

4 THURSDAY

AUGUST 2022

FRIDAY 5

SATURDAY 6

SUNDAY 7

NOTES

M	T	W	T	F	S	S	M	T	W	T	F	S	S	M	T	W	T	F	S	S	M	T	W	T	F	S	S	M	T	W
1	2	3	4	5	6	7	8	9	10	11	12	13	14	15	16	17	18	19	20	21	22	23	24	25	26	27	28	29	30	31

AUGUST 2022

WEEK 32

8 MONDAY

9 TUESDAY

10 WEDNESDAY

11 THURSDAY
marks birthday

AUGUST 2022

FRIDAY 12

SATURDAY 13

Brad's birthday night cat

SUNDAY 14

 NOTES

M	T	W	T	F	S	S	M	T	W	T	F	S	S	M	T	W	T	F	S	S	M	T	W	T	F	S	S	M	T	W
1	2	3	4	5	6	7	8	9	10	11	12	13	14	15	16	17	18	19	20	21	22	23	24	25	26	27	28	29	30	31

AUGUST 2022　　　　WEEK 33

15 MONDAY

16 TUESDAY

17 WEDNESDAY

School back

18 THURSDAY

AUGUST 2022

FRIDAY 19

Aberdour trip

SATURDAY 20

SUNDAY 21

NOTES

M	T	W	T	F	S	S	M	T	W	T	F	S	S	M	T	W	T	F	S	S	M	T	W	T	F	S	S	M	T	W
1	2	3	4	5	6	7	8	9	10	11	12	13	14	15	16	17	18	19	20	21	22	23	24	25	26	27	28	29	30	31

AUGUST 2022 — WEEK 34

22 MONDAY

23 TUESDAY

24 WEDNESDAY

25 THURSDAY

AUGUST 2022

FRIDAY 26

SATURDAY 27

SUNDAY 28

NOTES

M	T	W	T	F	S	S	M	T	W	T	F	S	S	M	T	W	T	F	S	S	M	T	W	T	F	S	S	M	T	W
1	2	3	4	5	6	7	8	9	10	11	12	13	14	15	16	17	18	19	20	21	22	23	24	25	26	27	28	29	30	31

THE GRIN
MAKES THE
SKELETON

AUG/SEPT 2022

WEEK 35

29 MONDAY   Summer Bank Holiday (Eng, NIR, Wal)

30 TUESDAY

31 WEDNESDAY

1 THURSDAY

SEPTEMBER 2022

FRIDAY 2

SATURDAY 3

SUNDAY 4

NOTES

T	W	T	F	S	S	M	T	W	T	F	S	S	M	T	W	T	F	S	S	M	T	W	T
16	17	18	19	20	21	22	23	24	25	26	27	28	29	30	31	1	2	3	4	5	6	7	8	9	10	11	12	13	14	15

SEPTEMBER 2022 WEEK 36

5 MONDAY

6 TUESDAY

7 WEDNESDAY

8 THURSDAY

SEPTEMBER 2022

FRIDAY 9

SATURDAY 10

Eiidhs birthday

SUNDAY 11

Euidhs birthday party 10:00 deep sea world

NOTES

T	F	S	S	M	T	W	T	F	S	S	M	T	W	T	F	S	S	M	T	W	T	F	S	S	M	T	W	T	F
1	2	3	4	5	6	7	8	9	10	11	12	13	14	15	16	17	18	19	20	21	22	23	24	25	26	27	28	29	30

SEPTEMBER 2022

WEEK 37

12 MONDAY

13 TUESDAY

14 WEDNESDAY

15 THURSDAY

SEPTEMBER 2022

FRIDAY 16

SATURDAY 17

Matts birthday night eat

SUNDAY 18

NOTES

T	F	S	S	M	T	W	T	F	S	S	M	T	W	T	F	S	S	M	T	W	T	F	S	S	M	T	W	T	F
1	2	3	4	5	6	7	8	9	10	11	12	13	14	15	16	17	18	19	20	21	22	23	24	25	26	27	28	29	30

SEPTEMBER 2022

WEEK 38

19 MONDAY

20 TUESDAY

21 WEDNESDAY — The United Nations International Day of Peace

22 THURSDAY

SEPTEMBER 2022

FRIDAY 23

SATURDAY 24

SUNDAY 25
Rosh Hashanah (Jewish New Year) Begins

NOTES

T	F	S	S	M	T	W	T	F	S	S	M	T	W	T	F	S	S	M	T	W	T	F	S	S	M	T	W	T	F
1	2	3	4	5	6	7	8	9	10	11	12	13	14	15	16	17	18	19	20	21	22	23	24	25	26	27	28	29	30

OCTOBER

TO DO

SEPTEMBER 2022

WEEK 39

26 MONDAY

27 TUESDAY

28 WEDNESDAY

29 THURSDAY

SEPT/OCT 2022

FRIDAY 30

SATURDAY 1

SUNDAY 2

NOTES

F	S	S	M	T	W	T	F	S	S	M	T	W	T	F	S	S	M	T	W	T	F	S
16	17	18	19	20	21	22	23	24	25	26	27	28	29	30	1	2	3	4	5	6	7	8	9	10	11	12	13	14	15

OCTOBER 2022

WEEK 40

3 MONDAY

4 TUESDAY

Yom Kippur Begins

5 WEDNESDAY

6 THURSDAY

OCTOBER 2022

FRIDAY 7

SATURDAY 8

SUNDAY 9

NOTES

S	S	M	T	W	T	F	S	S	M	T	W	T	F	S	S	M	T	W	T	F	S	S	M	T	W	T	F	S	S	M
1	2	3	4	5	6	7	8	9	10	11	12	13	14	15	16	17	18	19	20	21	22	23	24	25	26	27	28	29	30	31

OCTOBER 2022

WEEK 4

10 MONDAY
WORLD MENTAL HEALTH DAY

11 TUESDAY

12 WEDNESDAY
Court - Edinburgh Sheriff 9:45

13 THURSDAY

OCTOBER 2022

FRIDAY 14

SATURDAY 15

SUNDAY 16

NOTES

S	S	M	T	W	T	F	S	S	M	T	W	T	F	S	S	M	T	W	T	F	S	S	M	T	W	T	F	S	S	M
1	2	3	4	5	6	7	8	9	10	11	12	13	14	15	16	17	18	19	20	21	22	23	24	25	26	27	28	29	30	31

OCTOBER 2022 WEEK 42

17 MONDAY

18 TUESDAY

19 WEDNESDAY

20 THURSDAY

OCTOBER 2022

FRIDAY 21

SATURDAY 22

SUNDAY 23

 NOTES

S	M	T	W	T	F	S	S	M	T	W	T	F	S	S	M	T	W	T	F	S	S	M	T	W	T	F	S	S	M	T
1	2	3	4	5	6	7	8	9	10	11	12	13	14	15	16	17	18	19	20	21	22	23	24	25	26	27	28	29	30	31

OCTOBER 2022　　　　　　　　　　　　　　　　　　　WEEK 43

24 MONDAY　　　　　　　　　　　　　　　　　　　　DIWA

25 TUESDAY

26 WEDNESDAY

27 THURSDAY

OCTOBER 2022

FRIDAY 28

SATURDAY 29

Daylight Saving Time Ends

SUNDAY 30

NOTES

S	S	M	T	W	T	F	S	S	M	T	W	T	F	S	S	M	T	W	T	F	S	S	M	T	W	T	F	S	S	M
1	2	3	4	5	6	7	8	9	10	11	12	13	14	15	16	17	18	19	20	21	22	23	24	25	26	27	28	29	30	31

OCT/NOV 2022 **WEEK 44**

31 MONDAY HALLOWEEN

1 TUESDAY

2 WEDNESDAY

3 THURSDAY

NOVEMBER 2022

FRIDAY 4

SATURDAY 5
Guy Fawkes Night

SUNDAY 6

NOTES

S	M	T	W	T	F	S	S	M	T	W	T	F	S	S	M	T	W	T	F	S	S	M	T
16	17	18	19	20	21	22	23	24	25	26	27	28	29	30	31	1	2	3	4	5	6	7	8	9	10	11	12	13	14	15

NOVEMBER 2022

WEEK 45

7 MONDAY

8 TUESDAY

9 WEDNESDAY

10 THURSDAY

NOVEMBER 2022

FRIDAY 11

SATURDAY 12

SUNDAY 13

Remembrance Sunday

NOTES

T	W	T	F	S	S	M	T	W	T	F	S	S	M	T	W	T	F	S	S	M	T	W	T	F	S	S	M	T	W
1	2	3	4	5	6	7	8	9	10	11	12	13	14	15	16	17	18	19	20	21	22	23	24	25	26	27	28	29	30

NOVEMBER 2022　　　　　　　　　　　　　　　　　　WEEK 46

14 MONDAY

15 TUESDAY

16 WEDNESDAY

17 THURSDAY

NOVEMBER 2022

FRIDAY 18

SATURDAY 19

SUNDAY 20

NOTES

T	W	T	F	S	S	M	T	W	T	F	S	S	M	T	W	T	F	S	S	M	T	W	T	F	S	S	M	T	W
1	2	3	4	5	6	7	8	9	10	11	12	13	14	15	16	17	18	19	20	21	22	23	24	25	26	27	28	29	30

NOVEMBER 2022 WEEK 47

21 MONDAY

22 TUESDAY

23 WEDNESDAY

24 THURSDAY

NOVEMBER 2022

FRIDAY 25

SATURDAY 26

SUNDAY 27

NOTES

T	W	T	F	S	S	M	T	W	T	F	S	S	M	T	W	T	F	S	S	M	T	W	T	F	S	S	M	T	W
1	2	3	4	5	6	7	8	9	10	11	12	13	14	15	16	17	18	19	20	21	22	23	24	25	26	27	28	29	30

NOV/DEC 2022

WEEK 48

28 MONDAY

29 TUESDAY

30 WEDNESDAY

St. Andrew's Day (Scotland)

1 THURSDAY

DECEMBER 2022

FRIDAY 2

SATURDAY 3

SUNDAY 4

NOTES

W	T	F	S	S	M	T	W	T	F	S	S	M	T	W	T	F	S	S	M	T	W
16	17	18	19	20	21	22	23	24	25	26	27	28	29	30	1	2	3	4	5	6	7	8	9	10	11	12	13	14	15

DECEMBER 2022 — WEEK 49

5 MONDAY

6 TUESDAY

Lewis nursery stay + play

7 WEDNESDAY

8 THURSDAY

christmas jumper day

DECEMBER 2022

FRIDAY 9

SATURDAY 10

SUNDAY 11

NOTES

T	F	S	S	M	T	W	T	F	S	S	M	T	W	T	F	S	S	M	T	W	T	F	S	S	M	T	W	T	F	S
1	2	3	4	5	6	7	8	9	10	11	12	13	14	15	16	17	18	19	20	21	22	23	24	25	26	27	28	29	30	31

DECEMBER 2022 — WEEK 50

12 MONDAY

Eilidh - brownies xmas party

13 TUESDAY

Dentist - 16^{30} everyone

14 WEDNESDAY

Lewis - childrens sing along 2^{15}
Eilidh - christmas concert 14^{00}

15 THURSDAY

Eilidh - class party

DECEMBER 2022

FRIDAY 16
Eilidh + Lewis - after school club party

SATURDAY 17
working for cat dayshift

SUNDAY 18
working for cat dayshift

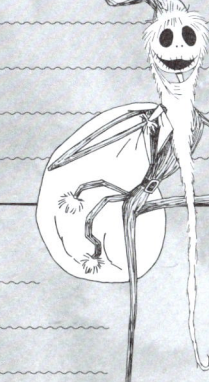

NOTES

T	F	S	S	M	T	W	T	F	S	S	M	T	W	T	F	S	S	M	T	W	T	F	S	S	M	T	W	T	F	S
1	2	3	4	5	6	7	8	9	10	11	12	13	14	15	16	17	18	19	20	21	22	23	24	25	26	27	28	29	30	31

DECEMBER 2022 — WEEK 51

19 MONDAY

Lewis pyjama day

20 TUESDAY

Lewis christmas party

21 WEDNESDAY

22 THURSDAY

Eilidh + Lewis - Alana xmas party

DECEMBER 2022

FRIDAY 23

SATURDAY 24

CHRISTMAS DAY   SUNDAY 25

NOTES

T	F	S	S	M	T	W	T	F	S	S	M	T	W	T	F	S	S	M	T	W	T	F	S	S	M	T	W	T	F	S
1	2	3	4	5	6	7	8	9	10	11	12	13	14	15	16	17	18	19	20	21	22	23	24	25	26	27	28	29	30	31

DECEMBER 2022

WEEK 52

26 MONDAY
Boxing Day

27 TUESDAY
Bank Holiday

working backshift Ratho

28 WEDNESDAY

29 THURSDAY
backshift visits

DEC 22 / JAN 23

FRIDAY 30

SATURDAY 31

New Year's Eve

New Year's Day

SUNDAY 1

Notes

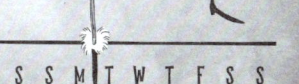

F	S	S	M	T	W	T	F	S	S	M	T	W	T	F	S	S	M	T	W	T	F	S
16	17	18	19	20	21	22	23	24	25	26	27	28	29	30	31	1	2	3	4	5	6	7	8	9	10	11	12	13	14	15

PLANNER 2023

JANUARY

1 S
2 M
3 T
4 W
5 T
6 F
7 S
8 S
9 M
10 T
11 W
12 T
13 F
14 S ★
15 S
16 M
17 T
18 W
19 T
20 F
21 S
22 S
23 M
24 T
25 W
26 T
27 F
28 S
29 S
30 M
31 T

FEBRUARY

1 W
2 T
3 F
4 S
5 S
6 M
7 T
8 W
9 T
10 F
11 S
12 S
13 M
14 T
15 W
16 T
17 F
18 S
19 S
20 M
21 T
22 W
23 T
24 F
25 S
26 S
27 M
28 T

MARCH

1 W
2 T
3 F
4 S
5 S
6 M
7 T
8 W
9 T
10 F
11 S
12 S
13 M
14 T
15 W
16 T
17 F
18 S
19 S
20 M
21 T
22 W
23 T
24 F
25 S
26 S
27 M
28 T
29 W
30 T
31 F

PLANNER 2023

APRIL

1 S
2 S
3 M
4 T
5 W
6 T
7 F
8 S
9 S
10 M
11 T
12 W
13 T
14 F
15 S
16 S
17 M
18 T
19 W
20 T
21 F
22 S
23 S
24 M
25 T
26 W
27 T
28 F
29 S
30 S

MAY

1 M
2 T
3 W
4 T
5 F
6 S
7 S
8 M
9 T
10 W
11 T
12 F
13 S
14 S
15 M
16 T
17 W
18 T
19 F
20 S
21 S
22 M
23 T
24 W
25 T
26 F
27 S
28 S
29 M
30 T
31 W

JUNE

1 T
2 F
3 S
4 S
5 M
6 T
7 W
8 T
9 F
10 S
11 S
12 M
13 T
14 W
15 T
16 F
17 S
18 S
19 M
20 T
21 W
22 T
23 F
24 S
25 S
26 M
27 T
28 W
29 T
30 F

PLANNER 2023

JULY	AUGUST	SEPTEMBER
1 S	1 T	1 F
2 S	2 W	2 S
3 M	3 T	3 S
4 T	4 F	4 M
5 W	5 S	5 T
6 T	6 S	6 W
7 F	7 M	7 T
8 S	8 T	8 F
9 S	9 W	9 S
10 M	10 T	10 S
11 T	11 F	11 M
12 W	12 S	12 T
13 T	13 S	13 W
14 F	14 M	14 T
15 S	15 T	15 F
16 S	16 W	16 S
17 M	17 T	17 S
18 T	18 F	18 M
19 W	19 S	19 T
20 T	20 S	20 W
21 F	21 M	21 T
22 S	22 T	22 F
23 S	23 W	23 S
24 M	24 T	24 S
25 T	25 F	25 M
26 W	26 S	26 T
27 T	27 S	27 W
28 F	28 M	28 T
29 S	29 T	29 F
30 S	30 W	30 S
31 M	31 T	

PLANNER 2023

OCTOBER

1 S
2 M
3 T
4 W
5 T
6 F
7 S
8 S
9 M
10 T
11 W
12 T
13 F
14 S
15 S
16 M
17 T
18 W
19 T
20 F
21 S
22 S
23 M
24 T
25 W
26 T
27 F
28 S
29 S
30 M
31 T

NOVEMBER

1 W
2 T
3 F
4 S
5 S
6 M
7 T
8 W
9 T
10 F
11 S
12 S
13 M
14 T
15 W
16 T
17 F
18 S
19 S
20 M
21 T
22 W
23 T
24 F
25 S
26 S
27 M
28 T
29 W
30 T

DECEMBER

1 F
2 S
3 S
4 M
5 T
6 W
7 T
8 F
9 S
10 S
11 M
12 T
13 W
14 T
15 F
16 S
17 S
18 M
19 T
20 W
21 T
22 F
23 S
24 S
25 M
26 T
27 W
28 T
29 F
30 S
31 S

Address/Phone Numbers

Name:

Address:

Telephone: Mobile:

Email:

Name:

Address:

Telephone: Mobile:

Email:

Name:

Address:

Telephone: Mobile:

Email:

Name:

Address:

Telephone: Mobile:

Email:

Name:

Address:

Telephone: Mobile:

Email:

Name:

Address:

Telephone: Mobile:

Email:

ADDRESS/PHONE NUMBERS

NAME:

ADDRESS:

TELEPHONE: MOBILE:

EMAIL:

NAME:

ADDRESS:

TELEPHONE: MOBILE:

EMAIL:

NAME:

ADDRESS:

TELEPHONE: MOBILE:

EMAIL:

NAME:

ADDRESS:

TELEPHONE: MOBILE:

EMAIL:

NAME:

ADDRESS:

TELEPHONE: MOBILE:

EMAIL:

NAME:

ADDRESS:

TELEPHONE: MOBILE:

EMAIL:

NOTES

07765395887
mon-fri
8:30-16:00

anti
sickn
1hr be

Paunkil
fers

hydra
cortix

to tak
12 ho

1 eg paran
4 h

ibu
400 mg 4h

4 hours a
take ev
if need

210/26-26
2nd 3rd

NOTES

NOTES

NOTES